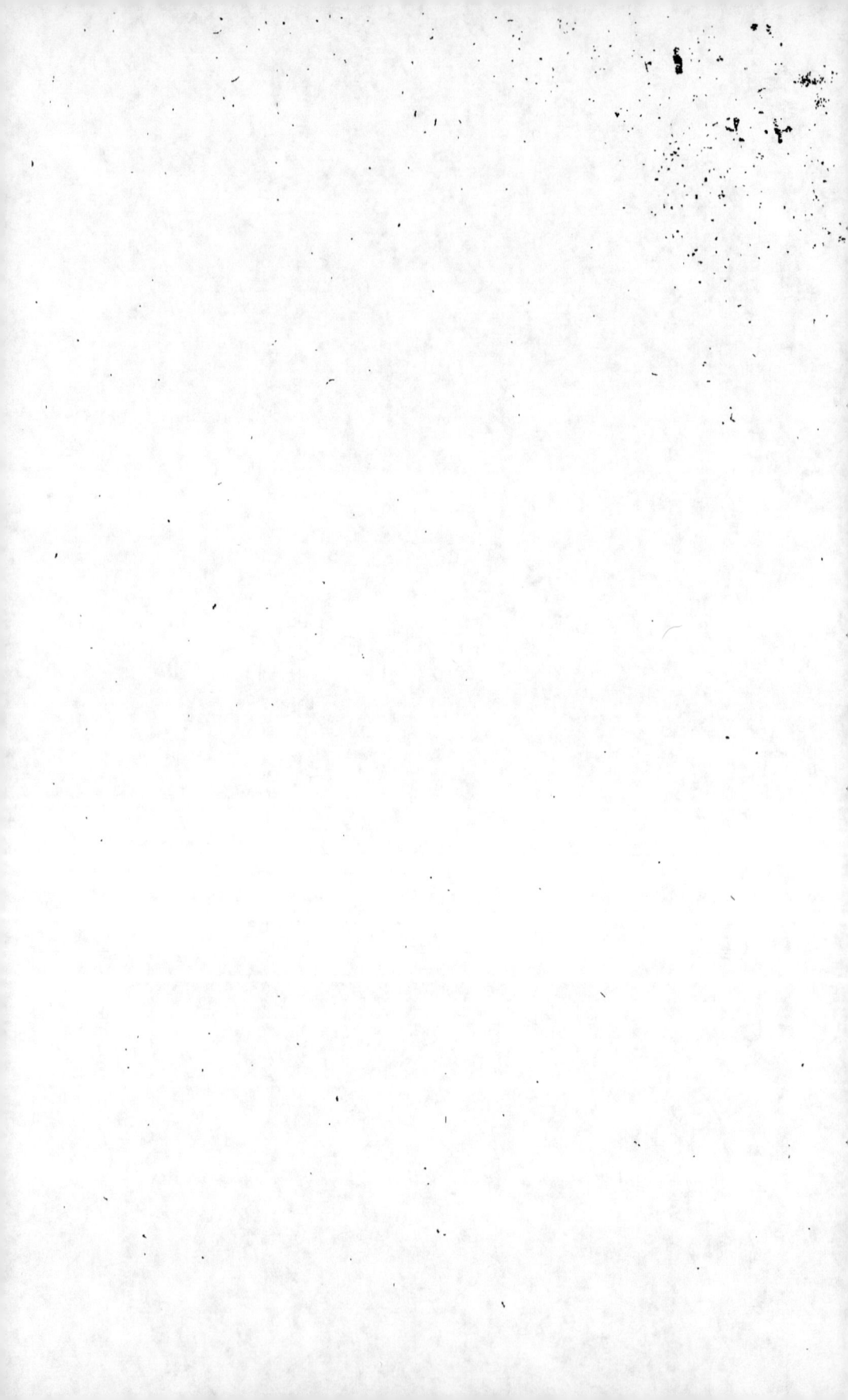

Par Routier Deschamps

LE BAL MASQUÉ,

OPERA-COMIQUE

EN UN ACTE,

Mêlé d'Ariettes mises en Musique par M. DARCIS, âgé de 12 ans, élève de M. Grétry ;

Représenté à Versailles devant Sa Majesté le Mardi 31 Mars 1772 ; & à Paris, par les Comédiens Italiens, le premier Avril suivant.

Prix 1 liv. 4 sols.

A PARIS,

Chez VENTE, Libraire des Menus-Plaisirs du Roi, & des Spectacles de SA MAJESTÉ, rue & Montagne Sainte-Geneviève.

M. DCC. LXXII.

AVEC APPROBATION ET PERMISSION.

PERSONNAGES.

M. DUPUIS, riche Bourgeois.

VICTOIRE, Fille de Dupuis, Amante de Sainval.

SAINVAL, Amant de Victoire.

DORVILLE, Amoureux de Victoire.

ANGÉLIQUE, Sœur de Dorville, Amoureuse de Sainval.

BLAISE, Jardinier-Concierge.

LUCETTE, Femme de Blaise.

TROUPE DE MASQUES.

La Scène se passe dans le Jardin de la Maison de Campagne de M. Dupuis.

LE BAL MASQUÉ,

OPERA-COMIQUE.

Le Théâtre doit repréſenter un jardin illuminé par des ifs de lampions ; au fond eſt la maiſon qui doit avoir deux aîles, à droite eſt la ſalle du bal, à gauche la ſalle à manger, ſur un des côtés la maiſon du Jardinier.

SCENE PREMIERE.

BLAISE, ſeul.

ARIETTE.

Lucette! Lucette! Lucette!
Elle ne répond pas :
Tout m'afflige, tout m'inquiette ;
Blaiſe, quel embarras!   (Fin.)

Je m'endors dans les bras
De ma friponne ;
A mon réveil, hélas !
Plus perſonne.
Ah ! friponne,
Tu t'en ſouviendras.

Lucette ! &c. *juſqu'au mot Fin.*

Je rêvois que ma cruelle,
Que mon ingrate moitié,
Juroit de m'être fidelle :
Le plaiſir m'a réveillé.
Vain menſonge !
Mon bonheur
N'eſt qu'un ſonge,
Qu'une erreur.

Lucette ! &c,

Pauvres maris, comme on nous traite ! Où eſt-elle allée ? au bal ſans doute. Sous le maſque on ne connoît perſonne, on reçoit tout le monde ; & d'ailleurs Mademoiſelle Victoire, notre jeune Maitreſſe, l'aime aſſez pour l'y avoir fait entrer. C'en eſt fait, je renonce à mes deux qualités de Jardinier & de Concierge, je veux quitter la maiſon ; on s'y réjouit trop. Depuis un mois que Monſieur Dupuis, notre Maître, eſt arrivé ici avec l'Amoureux de Mademoiſelle & nombreuſe compagnie, c'eſt tous les jours fête nouvelle. La Jardiniere eſt jeune, jolie ; c'eſt à qui aura de ſes bouquets, & moi je ne les cultive pas pour tout le monde. J'y ſuis réſolu, j'em-

menerai ma femme ; moins de richeſſes, plus
de repos. Elle ne ſonge qu'à la bagatelle, elle
ne parle que de danſer, & moi je ne danſe
plus. Elle étoit ſi doucé, ſi ſage, tant que nous
n'étions que nous deux ! Notre Maître amene
ici les plaiſirs : zeſte, elle m'échappe ; ce n'eſt
plus la même femme. Ah ! qu'on a bien raiſon
de dire :

A R I E T T E.

Loin du monde, une jeune femme
Peut chérir un mari vieux ;
L'habitude tient lieu de flamme,
Nous plaiſons, faute de mieux. *Fin.*

Mais lorſqu'on l'abandonne
Au deſir,
Mais ſitôt qu'on lui donne
A choiſir,
Entre l'époux qui la tourmente,
Et le plaiſir qui ſe préſente,
Tous ſes vœux ſont pour le plaiſir.

Loin du monde, &c.

J'apperçois Mademoiſelle Victoire. Appro-
chons, demandons-lui ſi elle n'a pas vu ma
femme.

SCENE II.

VICTOIRE, LUCETTE *le masque à la main*, BLAISE.

VICTOIRE.

Ma pauvre Lucette, te voilà bien contente ?

LUCETTE.

Plus qu'on ne sauroit dire, ma chere Maitresse : avec ces beaux habits-là, je vais me croire une Dame d'importance. Voici mon mari ! il ne faut pas qu'il me reconnoisse.

VICTOIRE.

Mets ton masque. C'est vous Blaise ? que cherchez-vous donc ?

BLAISE.

Hélas ! ma bonne Demoiselle, je cherche ma femme.

LUCETTE, *masquée*.

Il faut avouer que voilà un bon mari.

BLAISE.

Trop bon, ma belle Dame. Si vous connoissiez la femme que je cherche, vous seriez bien furpris de voir que je me donne tant de peine pour la trouver ; que diriez-vous d'une femme qui quitte fon mari pour aller courir ? Mais, Mademoifelle, vous l'avez peut-être vue ?

VICTOIRE.

Demandez à Madame, elle ne m'a pas quittée.

LUCETTE, *mafquée.*

Blaife, tu traites ta femme un peu trop fé-vèrement. Je fuis prefque fûre qu'elle n'eft cou-pable d'autre chofe que d'avoir eu grande envie de voir le bal. A ta place, j'irois auffi, tu l'y trouveras. Prends un mafqué ; tu peux compter que tu feras reçu. On ne faura pas fi tu es un véritable Jardinier, ou fi tu n'en as que l'habit.

BLAISE.

Grand merci, ma bonne Dame ; je fuivrai votre confeil.

SCENE III.

VICTOIRE, LUCETTE *le masque à la main.*

LUCETTE.

Vous voyez bien, Mademoiselle, que vous ne devez avoir aucun scrupule de votre complaisance.

VICTOIRE.

Aussi, n'en ai-je aucun, Lucette : je crois te connoître assez pour ne voir rien que d'innocent dans ta conduite.

LUCETTE.

(*A part.*) Je crois est bien dit. (*Haut.*) Comment me trouvez-vous, Mademoiselle, avec ce déguisement-là ?

VICTOIRE.

Très-jolie, très-jolie.

LUCETTE.

Cet habit de païsanne vous sied aussi à merveille ; le cher Amoureux, pour vous plaire, est devenu Berger. Ah ! Mademoiselle, vous devez bien l'aimer.

AIR.

Digne de votre tendreſſe,
L'Amour l'a formé pour vous :
Beauté, fraîcheur & jeuneſſe,
Quel amant & quel époux !

Ce n'eſt pas que j'en ſoupire,
    Chacun le ſien ;
Mais, hélas ! j'en voudrois dire
    Autant du mien.

Vous vivrez contente & ſage ;
Sainval n'aura que vos goûts :
Tous les plaiſirs de votre âge
Seront ceux de votre époux.

Ce n'eſt pas, &c.

Par un charmant badinage,
Vous le verrez, chaque jour,
Aux épines du ménage
Mêler les fleurs de l'amour.

Ce n'eſt pas, &c.

Ah ! Mademoiſelle, le beau jour pour vous, que celui de vos nôces ! le beau jour pour nous tous ! A en juger par les plaiſirs qui le précèdent, combien nous nous divertirons ! mais n'oublions pas le préſent pour l'avenir. Entrons, ma chere Maitreſſe. Allons joindre la compagnie qui doit être bien-tôt toute raſſemblée dans la ſalle où vous avez ſoupé. Les pieds me brûlent ; j'y voudrois déja être.

DUO.

VICTOIRE.	LUCETTE.
Ton cœur jouit d'avance	Mon cœur jouit d'avance
D'un plaisir si doux, si charmant,	D'un plaisir si doux, si charmant.
Tu marques trop d'impatience ;	Entrons, je ence ;
Crains-tu de perdre un seul mo-	Pour moi, l'attente est un tour-
ment ?	ment.
Tu marques trop d'impatience ;	Entrons, je meurs d'impatience ;
Crains-tu de perdre un seul mo-	Je crains de perdre un seul mo-
ment ?	ment.

VICTOIRE.

Puisque tu es si pressée, tu peux entrer. Pour moi je n'entre pas encore.

LUCETTE.

Je ne veux pas vous laisser là. Il seroit mal-honnête de vous quitter.

VICTOIRE.

Entre toujours ; tu me feras plaisir. Je suis bien-aise d'être seule un instant.

LUCETTE, *à part, en s'en allant.*

Seule ! seule ! je crois que vous ne serez pas long-tems là sans compagnie.

SCENE IV.

VICTOIRE, *seule.*

ARIETTE.

FEUILLAGE épais,
Qu'agite à peine
La foible haleine
D'un vent léger & frais :
Délicieux ombrage,
Témoin de ma douce langueur ;
Votre calme eſt l'image
De la paix que goûte mon cœur. *Fin.*

Ah ! qu'aiſément on s'abandonne,
Amour, à ton pouvoir charmant,
Sur-tout quand le devoir ordonne
Ce que conſeille un doux penchant !
Amour, à ton pouvoir charmant,
Qu'aiſément un cœur s'abandonne !

Feuillage épais, &c. *juſqu'au mot Fin.*

SCENE V.

SAINVAL, VICTOIRE *le masque à la main.*

SAINVAL.

JE vous cherche par-tout , belle Victoire ; puis-je goûter aucun plaisir sans vous ?

VICTOIRE

Ah! Sainval, puissiez-vous long-tems dire & penser de même ! je me livre sans crainte au bonheur d'être aimée & à l'espoir de l'être toujours. Sur le point d'être unis , rien ne m'oblige à vous déguiser un sentiment que mon pere autorise. Vous ne devez pas obtenir mon aveu, avant d'avoir obtenu le sien ; mais, d'un autre côté , je craindrois que vous ne voulussiez l'attribuer qu'à mon obéissance, si j'attendois pour vous déclarer mon penchant , que l'hymen en eût fait un devoir.

SAINVAL.

ARIETTE.

Ah ! quel moment! quelle douceur extrême !
Je trouve, pour combler mes vœux,
Dans l'amour qui me rend heureux,
Le bonheur de celle que j'aime.

Amant, époux,

Ami fincere,

Toujours vous plaire

C'eſt mon vœu le plus doux.

S'il s'élève quelque nuage

Sur nos beaux jours,

Pour conjurer l'orage,

Nous invoquerons les Amours.

DUO.

VICTOIRE.	SAINVAL.
Ah ! quel moment ! quelle dou- ceur extrême !	Ah ! quel moment ! quelle dou- ceur extrême !
Tu trouves, pour combler tes vœux,	Je trouve, pour combler mes vœux,
Dans l'amour qui te rend heu- reux,	Dans l'amour, qui me rend heu- reux,
Le bonheur de celle qui t'aime.	Le bonheur de celle que j'aime.

SAINVAL.

Je peux donc me flatter, belle Victoire, que
vous ne rappellerez plus ma tendreſſe pour Angélique, & que vous ne croirez plus mon
cœur intéreſſé dans les éloges que je donne à
ſon enjouement, à ſa vivacité ?

VICTOIRE.

Vous me promettez, Sainval, de me voir,
ſans jalouſie, célébrée par la Muſe de Dorville,
du frere d'Angélique ?

SAINVAL.

J'en ſuis ſi peu jaloux, que je me ſuis fait

un plaifir de copier moi-même les Couplets qu'il vient de chanter à table, en votre honneur.

VICTOIRE.

Je les goûterois mieux, fi vous vouliez me les chanter : la voix d'un Amant leur donneroit un charme que je n'ai pu trouver dans celle de Dorville, quoique tout le monde convienne qu'il chante avec beaucoup de goût.

SAINVAL.

COUPLETS.

Auprès de foi Victoire enchaîne
La félicité dans fes yeux ;
De nos fêtes elle eft la Reine,
Et fon titre eft dans fes beaux yeux.
Le fceptre que l'Amour lui donne,
Eft préfenté par le Plaifir ;
Si c'eft la Beauté qu'il couronne,
Ce Dieu pouvoit-il mieux choifir ?

Aux accens de fa voix touchante
Le goût donne un nouvel appas.
De fa danfe noble & décente,
Les Graces forment tous les pas.
Le fceptre que l'Amour lui donne,
Eft préfenté par le Plaifir ;
Si c'eft le Talent qu'il couronne,
Ce Dieu pouvoit-il mieux choifir ?

Sous les roses de la Jeuneſſe,
C'eſt la candeur, c'eſt la bonté ;
Victoire prête à la ſageſſe
L'air piquant de la volupté.
Le ſceptre que l'Amour lui donne,
Eſt préſenté par le Plaiſir ;
Si c'eſt le Talent qu'il couronne,
Ce Dieu pouvoit-il mieux choiſir ?

SCENE VI.

DUPUIS, SAINVAL, VICTOIRE
le maſque à la main.

VICTOIRE.

Quelqu'un vient : c'eſt mon pere.

DUPUIS.

Amuſons-nous un moment de ce tête-à-tête.
Ah ! c'eſt ma fille & Sainval ! je ne vous recon-
noiſſois pas d'abord.

VICTOIRE.

Nous avons exécuté vos ordres, mon pere.
Nous avons, comme toutes les autres perſonnes
de la fête, changé de déguiſement après ſoupé,
& en attendant que tout le monde ſoit prêt
à rentrer dans la ſalle du Bal, nous prenons

l'air un moment. Il fait fi chaud ! & d'ailleurs le mafque que vous nous obligez à garder...

DUPUIS.

Encore des plaintes, quand on ne devroit avoir que des graces à me rendre ! Ce que j'en fais, mes enfans, n'eft que pour le plaifir commun. Y a-t-il rien de plus amufant qu'un bal où tout le monde refte mafqué ?

ARIETTE.

Non, rien n'eft égal aux plaifirs
Que fait nous procurer le mafque ;
On peut, au gré de fes defirs,
Rifquer mainte innocente frafque.

On change fa voix ;
Chacun s'examine,
S'intrigue, lutine,
Sans ordre & fans choix. *Fin.*

Avec plus d'audace
On rit, on agace,
On fait beau bruit ;
On fe pourfuit,
On s'embarraffe,
Et l'on s'enfuit.

Non, rien, &c. *jufqu'au mot Fin.*

Rien n'y menace
La liberté ;
Tout y retrace
L'égalité,

Plus

Plus de rides pour la vieilleffe,
Elle y perd fa froide langueur ;
Avec les traits de la Jeuneffe,
Elle y retrouve un jeune cœur.

Non, rien, &c. *jufqu'au mot Fin.*

VICTOIRE.

Si vous aimez tant les mafques, mon pere,
vous avez ici de quoi vous contenter.

DUPUIS.

Je fens bien que c'eft une tyrannie d'obliger
une jolie figure à demeurer cachée ; mais il
n'eft pas de plus grand plaifir pour moi que
cette confufion que répand le mafque. Je vois
tout le monde accourir en foule au rendez-vous.
Rentrons dans la falle du Bal, avec le même
ordre que nous avons obfervé en fortant.

SCÈNE VII.

**DUPUIS, SAINVAL, VICTOIRE,
BLAISE, LUCETTE, DORVILLE,
ANGÉLIQUE**, *tous mafqués, forment une
marche avec tous les Mafques du Bal.*

DUPUIS.

Qu'une douce allégreffe
Regne dans ces beaux lieux :
Que la délicateffe
Préfide à tous nos jeux.

B

LE CHŒUR.

Qu'une douce allégresse, &c.

SAINVAL.

L'innocence
Marche avec la beauté ;
Et la décence
Y conduit la gaieté.
Qu'à la ville
On soit bruyant, léger ;
Dans cet asyle
Imitons le Berger.

LE CHŒUR.

Qu'une douce allégresse
Regne dans ces beaux lieux :
Que la délicatesse
Préside à tous nos jeux.

VICTOIRE.

La nature
Nous donne les desirs ;
Son doux murmure
Est la voix des plaisirs.

Leur vîtesse
Engage à les saisir ;
Et la sagesse
Enseigne à les choisir.

LE CHŒUR.

Qu'une douce allégreſſe
Regne dans ces beaux lieux ;
Que la délicateſſe
Préſide à tous nos jeux.

(*Enſuite la marche.*)

SCENE VIII.

DORVILLE, ANGÉLIQUE *le maſque à la main.*

ANGÉLIQUE.

DE quoi vous aviſez-vous, mon frere, d'épui-
ſer votre veine poétique, pour chanter un ingrate qui vous abandonne, & qui, ſoit dit entre nous, m'enleve un homme qui ne m'étoit
pas tout-à-fait indifférent.

DORVILLE.

Quoi ! vous aimiez Sainval ?

ANGÉLIQUE.

Oui. Puiſqu'il le faut avouer, je l'aimois ;
& je ne ſais pas même ſi je ne l'aime point encore. La poſſeſſion de ſon cœur eſt un vol que
m'a fait Victoire, & que je ne lui pardonne-
rai jamais ; non-plus qu'à vous la molle com-

plaifance de louer, pour ainfi dire, votre mufe
à votre rival ; ah ! fi j'avois votre talent…

DORVILLE.

Eh bien ? que feriez-vous ?

ANGÉLIQUE.

J'en uferois mieux que vous, mon frere ; je
ne me creuferois pas la cervelle, pour y trouver des éloges à tout propos. Je diftribuerois
bien plus d'épines que de rofes ; je ferois le
fléau du fexe charmant à qui j'ai l'honneur d'ap-
partenir ; & Victoire, dans ce moment-ci, n'auroit pas de moi des vers à fa louange.

ARIETTE.

Ah ! que de charmes
Je trouverois
Dans les alarmes
Que j'exciterois ! *Fin.*

Languiffante, infipide,
On ne me verroit pas,
Tantôt d'un Berger timide
Peindre le trouble & l'embarras ;
Tantôt dans un riant bocage
Réveiller les oifeaux,
Pour unir leur tendre ramage
Au doux murmure des ruiffeaux.

Plus méchante,

Plus mordante,

Je guetterois

Le ridicule ;

Et, fans fcrupule

Je m'en moquerois.

La cagote,

La bigote,

Me maudiroit ;

La coquette,

Plus difcrette,

Enrageroit.

Ah ! que de charmes, &c. *jufqu'au mot Fin.*

D O R V I L L E.

Je ne faurois lire dans votre cœur ; mais le mien ne trouve aucun charme à infpirer la crainte ; &, pour parler en Poëte :

A i r.

Quand ma mufe m'entraîne

Dans ces bois toujours verds,

Qu'arrofe l'Hippocrêne,

La fource des beaux vers :

L'air pur que je refpire

Sous ces lauriers épais,

Leur fraîcheur ne m'infpire

Que l'amour & la paix.

L'air pur, &c.

ANGÉLIQUE.

Je conviendrai, si vous voulez, mon frere, que j'ai tort. Je renonce au moyen que j'avois conçu d'abord de nous venger. J'en imagine un autre auquel vous ne pouvez pas vous empêcher de donner les mains.

DORVILLE.

Avouez, ma sœur, que je suis un frere bien complaisant.

ANGÉLIQUE.

Je ne prétends pas traverser leur bonheur, & rompre leur bonne intelligence; vous ne feriez pas homme à vous mettre de moitié avec moi. Je veux seulement les inquiéter, altérer un peu la paix dont ils jouissent.

DORVILLE.

Il faut se résoudre à écouter toutes vos folies.

ANGÉLIQUE.

Et à les partager, mon frere. Sainval & Victoire ont pris des déguisemens tout-à-fait pareils aux nôtres ; nos tailles sont les mêmes. Je me charge de désoler Sainval; chargez-vous de Victoire. Le tour est fou ; l'erreur ne peut avoir des suites bien sérieuses pour eux ; & nous, nous jouirons au moins, cette nuit, de leur trouble & de leur embarras.

DORVILLE.

Vous êtes folle, ma sœur, de vouloir que je me prête à un stratagême qui ne peut manquer d'être tôt ou tard découvert; &, quand nous ferions sûrs du succès, que nous reviendra-t-il de leur avoir causé ce chagrin?

ANGÉLIQUE.

Vous êtes bien généreux, mon frere. Si Victoire & son nouvel Amant apprenoient cet excès de générosité, ils vous ménageroient un peu plus qu'ils ne font, & ne voudroient plus rire aux dépens d'un homme qui craint si fort de les chagriner.

DORVILLE.

Que voulez-vous dire?

ANGÉLIQUE.

Que leur unique étude est de chercher du ridicule dans tous vos ouvrages; qu'aujourd'hui même encore vos Couplets n'ont servi qu'à leur prêter à rire à tous les deux. (*A part.*) Je crois que j'ai trouvé l'endroit sensible.

DORVILLE.

Quoi! ce couple charmant se donne les airs de me critiquer? vous ne rirez pas seuls.....
J'étois bien bon de vous parler pour eux....
Ma sœur je ferai tout ce que vous voudrez...
Ils se souviendront de nous. Brouillons-les de

façon qu'il leur faille plus d'un jour pour se raccommoder.

DUO.

Plus de pitié, plus de pitié ;
La vengeance est permise :
Mon cœur me dit que l'amitié
La souffre & l'autorise. *Fin.*

Vengeons-nous dans ce jour
Des rigueurs de l'amour
Sur ceux qu'il favorise.

Plus de pitié, &c. *jusqu'au mot Fin.*

DORVILLE.

Entrez, ma sœur ; je vais vous suivre dans l'instant.

SCENE IX.

DUPUIS, DORVILLE, BLAISE
le masque à la main.

DUPUIS.

Je ne sais pas si elle a voulu se moquer de moi ; mais elle m'a promis de se rendre ici dans un quart-d'heure ; elle est toute charmante, d'une simplicité... Chut ! j'apperçois Dorville ; c'est un Amant infortuné qu'il faut essayer de consoler, en attendant mon aimable inconnue. Vous voilà, Dorville ? que cherchez-vous sous ces arbres ? encore quelques Couplets ?

DORVILLE.

La fortune que font ici mes vers n'est point assez belle pour que je me presse si fort d'en composer de nouveaux.

DUPUIS.

Je crois que vous devez être fort content de l'accueil que votre muse vient d'obtenir ici.

DORVILLE.

Au moins devoit-on me faire grace en faveur de l'intention. La mienne n'étoit sûrement pas de prêter à rire à Mademoiselle votre fille & à son nouvel Amant.

DUPUIS.

Je ne fais pas ce que vous voulez dire; mais, entre nous, mon cher, vous vous y êtes mal pris pour vous faire aimer de ma fille. Ce n'eft point avec des vers qu'on gagne le cœur des belles; ce n'eft point à l'efprit qu'il faut parler.

ARIETTE.

Si vous voulez vous faire entendre,
Parlez aux cœurs:
Un *je vous aime*, un coup-d'œil tendre,
Un foupir fe fait mieux comprendre,
Que les vers les plus enchanteurs.
Si vous voulez vous faire entendre,
Parlez aux cœurs.

DORVILLE.

C'eft à quoi je répondrois aifément, fi vous aviez la patience de m'écouter.

DUPUIS.

Ah! Blaife, je fuis perdu! voici le moment marqué par ma charmante inconnue. Dorville, j'ai cru m'appercevoir qu'on manquoit de Danfeurs; vous êtes jeune, & ...

DORVILLE.

Je vous entends, Monfieur, je vous entends. (*A part.*) Que j'aurai de plaifir à me venger à la fois de tous les trois!

SCENE X.

DUPUIS, BLAISE *le masque à la main.*

DUPUIS.

Tu as bien vu, mon pauvre Blaise, que j'ai fait ce qui a dépendu de moi pour te retrouver ta femme. Service pour service. Tu vas faire le guet, de peur que nous ne soyons surpris.

BLAISE.

Ah! volontiers, Monsieur, la consolation des malheureux est d'avoir des compagnons de malheur.

DUPUIS.

Si le proverbe est vrai, ce doit donc être un bien petit mal que celui dont tu te plains. Ah! Blaise, la voici. Elle ne m'a pas trompé. Cache-toi. Ne te montre pas. Ne va pas me l'effaroucher.

(*Blaise se cache & Dupuis remet son masque.*)

SCENE XI.

DUPUIS, LUCETTE, BLAISE *caché.*

LUCETTE, *masquée, à part.*

Je ne vois plus Blaise ; je vais rentrer à la maison. Il ne faut pas que je m'amuse ici ; ce Monsieur n'auroit qu'à venir, il croiroit que je lui ai donné un vrai rendez vous. Ah ! je suis perdue, le voilà !

DUPUIS, *masqué.*

Adorable, puis-je croire que c'est pour moi que vous venez ici ?

BLAISE, *à part.*

Ne faut-il pas être grand sorcier pour le deviner ?

LUCETTE.

Ma foi, Monsieur, il dépend de vous de le croire, ou de ne pas le croire. Tout ce que je fais : c'est que me voilà.

DUPUIS.

Ah ! que cette ingénuité me charme !

BLAISE, *à part.*

Diable ! quelle ingénuité !

DUPUIS.

Je sens que j'ai mille chofes à vous dire ;
mais. . .

BLAISE, *à part.*

Ah ! le mais des Vieillards. . . .

LUCETTE.

Il me sembloit que tout-à-l'heure, dans la
salle du Bal, vous parliez plus facilement.

DUPUIS.

C'est vrai, c'est vrai. Mais je n'étois pas tête-
à-tête avec vous, & . . . Que ce gant doit cou-
vrir une belle main ! Que je la presse tendrement dans les miennes.

LUCETTE, *à part.*

Voilà un singulier plaisir !

BLAISE, *à part.*

Courage : elle s'apprivoise.

DUPUIS.

La belle taille ! que tout ce que je vois me
fait bien augurer de ce que le masque dérobe à
mes yeux !

BLAISE, *à part.*

Nous n'y sommes déja plus. Nous voilà ré-
duits à payer en louanges ; quelle monnoie pour
un tête-à-tête !

DUPUIS.

M'enviez-vous le plaifir de vous voir, fans ce mafque importun ?

BLAISE, *à part.*

Chicane de plaideur, qui fent fa caufe mauvaife.

DUPUIS.

Vous mettrez le comble à mon bonheur, en me montrant à qui je le dois.

BLAISE, *à part.*

Mon Maître eft modefte ; il fe contente de peu.

LUCETTE.

Ne tient-il qu'à cela pour vous rendre heureux ?

DUPUIS.

J'obtiendrois de vous cette faveur !

(*Blaife fe rapproche ; Lucette, & après elle Dupuis, fe démafquent.*)

TRIO.

DUPUIS. LUCETTE. BLAISE.

DUPUIS	LUCETTE	BLAISE
C'eft toi? c'eft toi?	Je meurs d'effroi!	C'eft toi? c'eft toi?
Quoi! c'eft Lucette?	Oui, c'eft Lucette.	Quoi! c'eft Lucette?
Blaife	Blaife	. . . . . Coquette!
Modere-toi.	Pardonnez-moi.	Retenez-moi.
Que ton cœur lui pardonne.	Que ton cœur me pardonne.	Moi, que je lui pardonne?
Blaife, qu'a-t-elle fait?	Blaife, qu'ai-je donc fait?	Je la prends fur le fait.
Pardonne.	Pardonne.	Friponne!
C'eft toi? c'eft toi?	Je meurs d'effroi!	C'eft toi? c'eft toi?
Oui, c'eft Lucette.	Oui, c'eft Lucette.	Oui, c'eft Lucette.
Blaife	Blaife	. . . . . Coquette!
Modere-toi.	Pardonnez-moi.	Retenez-moi.

DUPUIS.

De quoi te plains-tu? tu as vu tout ce qui s'eft paffé entre nous.

BLAISE.

Je dois être effectivement bien content! Vous alliez me faire jouer un beau rôle.

LUCETTE.

Mais, mon Ami.

BLAISE.

Allons, rentrez.

LUCETTE.

Il faut que je rende ces habits que l'on m'a prêtés.

BLAISE.

Vous les rendrez, quand il fera jour. Vous voudriez trouver un prétexte pour retourner au Bal ; vous y prenez goût.

LUCETTE.

Bon soir, Monsieur, je vous demande pardon.

DUPUIS, *à part.*

Je lui pardonne de tout mon cœur ; mais ce bourru-là ne fera peut-être pas si indulgent ; il faut que je les fuive, qu'il n'aille pas la battre ; il en feroit bien capable, de l'humeur dont il eft.

SCENE.

SCENE XII.

SAINVAL, *seul.*

ARIETTE.

Quel changement!
De quoi me punis-tu, cruelle,
        Infidelle?
Eſt-ce d'aimer trop tendrement? *Fin.*

    Chaque jour de ma chaîne
    Voyoit ſerrer les nœuds.
    Aux pieds de l'inhumaine
    Ici j'offrois mes vœux:
        Sous ce feuillage,
        A ſon tour,
        La volage
    M'a promis tant d'amour!

    Quel changement! &c. *juſqu'au mot Fin.*

    Oublions ſes charmes,
        Et mes deſirs;
    Séchons mes larmes,
        Plus de ſoupirs.

Hélas! dans ma peine mortelle,
L'Amour, qu'elle vient de trahir,

C

L'Amour me dit de la haïr ;
Et mon cœur eft toujours pour elle.

   . Quel changement ! &c. *jufqu'au mot Fin.*

SCENE XIII.

SAINVAL, VICTOIRE *le mafque à*
la main.

VICTOIRE.

JE ne peux plus cacher mon trouble & mon
dépit. Vous me fuivez, Monfieur ? Eft-ce pour
me continuer vos injures ?

SAINVAL.

Ingrate, vous doutiez, fans doute, du fuccès
de vos premiers coups ? vous venez m'en porter
de nouveaux ?

VICTOIRE.

. Quoi ! vous ofez vous plaindre au moment où
vous venez de m'outrager fi indignement !

SAINVAL.

Continuez, Mademoifelle ; joignez la raille-
rie à la cruauté. Peut-on affaffiner les gens avec
plus d'art & de méchanceté ?

VICTOIRE.

Je vous connoiffois bien mal, perfide que

vous êtes! Allez vous jetter aux pieds de votre Angélique; allez lui porter votre cœur. Le préfent eft bien digne d'elle.

SAINVAL.

Vous voudriez que cette lâcheté juftifiât votre trahifon : vous n'auriez plus à rougir de vous donner à mon rival. Que ne m'avez-vous dit plutôt que vous l'aimiez? Je ne voulois vous obtenir que de vous-même. Il falloit étouffer dans fa naiffance une flamme que vous condamniez; mais vous n'auriez pas joui du plaifir barbare de me voir déchiré par le défefpoir & l'amour.

VICTOIRE.

(*Dupuis entre.*) L'amour! ce mot devroit-il fortir de votre bouche ?

SAINVAL.

Après le traitement que vous me faites éprouver, il ne devroit être ni dans ma bouche, ni dans mon cœur.

VICTOIRE.

Brifons-là, je vous prie, & ne renouvellons pas une fcène qui n'auroit pas dû fe paffer entre nous.

SAINVAL.

Terminons ce cruel badinage. On ne force pas un cœur à fe donner; le vôtre fe déclare pour mon rival : il faudra bien me réfoudre à porter le mien ailleurs.

SCENE XIV. & derniere.

T R I O.

VICTOIRE. DUPUIS. SAINVAL.

VICTOIRE	DUPUIS	SAINVAL
Pour jamais je vous oublie ;		Pour jamais je vous oublie ;
Oui, je dégage ma foi :		Oui, je dégage ma foi :
Ce n'eft point une folie.	Quel fracas ! quelle folie !	Ce n'eft point une folie.
Ah ! mon pere, écou-tez-moi.	Mes enfans, répon-dez-moi.	Ah ! Monfieur, écou-tez-moi.
Oui, pour jamais je l'oublie ;	Quoi ! pour jamais il t'oublie ?	Oui, pour jamais je l'oublie ;
Oui, je dégage ma foi :	Quoi ! tu dégages ta foi ?	Oui, je dégage ma foi :
Ce n'eft point une folie.	Quel fracas ! quelle folie !	Ce n'eft point une folie.
Ah ! mon pere, écou-tez-moi.	Mes enfans, répon-dez-moi.	Ah ! Monfieur, écou-tez-moi.
L'infidèle,		La cruelle,
Qui fe vantoit		Qui me juroit
D'une flâme fi belle,		Une ardeur éternelle,
M'abufoit.		Me trompoit.
L'infidèle !		La cruelle !
Il a dégagé fa foi.		Elle a dégagé fa foi.
Ah ! mon pere, écou-tez-moi.	Mes enfans, répondez-moi.	Ah ! Monfieur, écou-tez-moi.

D U P U I S.

Qu'eft-il donc arrivé, Sainval ?

SAINVAL.

Mademoiselle vient de me déclarer qu'elle
ne veut être qu'à Dorville, & croit trouver une
excuse à cette perfidie, en m'imputant des cri-
mes imaginaires auxquels je n'ai jamais pensé.

VICTOIRE.

Monsieur s'empresse à me vanter les charmes
d'Angélique ; &, non content de m'avoir fait la
confidente de l'amour qu'il a conçu pour elle,
il m'accable d'outrages, & veut me faire croire
que sa trahison n'est que la peine de mon in-
constance.

DUPUIS.

Répondez-moi, tour-à-tour, l'un & l'autre.
Est-il vrai, Sainval, que vous lui ayez fait la
confidence malhonnête dont elle se plaint ?

SAINVAL.

Je jure que je ne sais pas ce qu'elle veut dire.

DUPUIS.

Et vous, ma fille, est-il vrai que vous lui
ayez déclaré que vous voulez être à Dorville ?

VICTOIRE.

Mon pere, je n'en ai pas seulement eu la
pensée.

DUPUIS.

Ah ! je vois ce que c'est, je vois ce que c'est ;
& je veux rétablir la paix entre vous deux.

SAINVAL.

Ce n'eſt pas une choſe facile.

DUPUIS.

C'eſt un tour qu'on vous a joué à l'un & à l'autre.

VICTOIRE.

Qui ?

DUPUIS.

Ceux qui pouvoient profiter de votre rupture, Angélique & ſon frere. Ils ont des déguiſemens tout-à-fait pareils aux vôtres ; le maſque donne la liberté de changer ſa voix ; voilà ce qui vous a trompés, j'en ſuis ſûr. Je les ai vu ſeuls ici ; ſans doute c'étoit pour y concerter ce projet qui vous a donné l'allarme.

SAINVAL.

Vous me redonnez la vie !

VICTOIRE.

Ah ! Sainval, de quel poids mon cœur ſe trouve déchargé !

SAINVAL & VICTOIRE.

DUO.

Quel fardeau pour un tendre cœur,
D'en vouloir à ce qu'il aime !

De la plus vive douleur
Je paſſe au plaiſir ſuprême ;

Vous me rendez à moi-même,
Et je me rends au bonheur.

Quel fardeau pour un tendre cœur,
D'en vouloir à ce qu'il aime !

DUPUIS.

Vous voilà de bonne intelligence ; nous trou-
verons quelque jour le moyen de nous venger
du frere & de la sœur. Mais n'employons pas
à cela un tems précieux deftiné au plaifir. Il
nous refte encore quelques heures d'amufement;
que ceci ne nous les faffe pas perdre.

CHŒUR.

Hâtons-nous de jouir ; ici tout fe raffemble
Pour combler nos defirs :
Profitons du moment ; c'eft trop de perdre enfemble
Le tems & les plaifirs.

FIN.

APPROBATION.

J'AI lu, par ordre de Monsieur le Lieutenant-Général de Police, *Le Bal masqué*, Comédie; & je crois qu'on peut en permettre l'impression & la représentation. A Paris, ce 28 Mars 1772.

MARIN.

Vu l'Approbation, permis de représenter & d'imprimer; à Paris, ce 29 Mars 1772.

DE SARTINE.

De l'Imprimerie de P. AL. LE PRIEUR, Imprimeur du Roi. 1772.

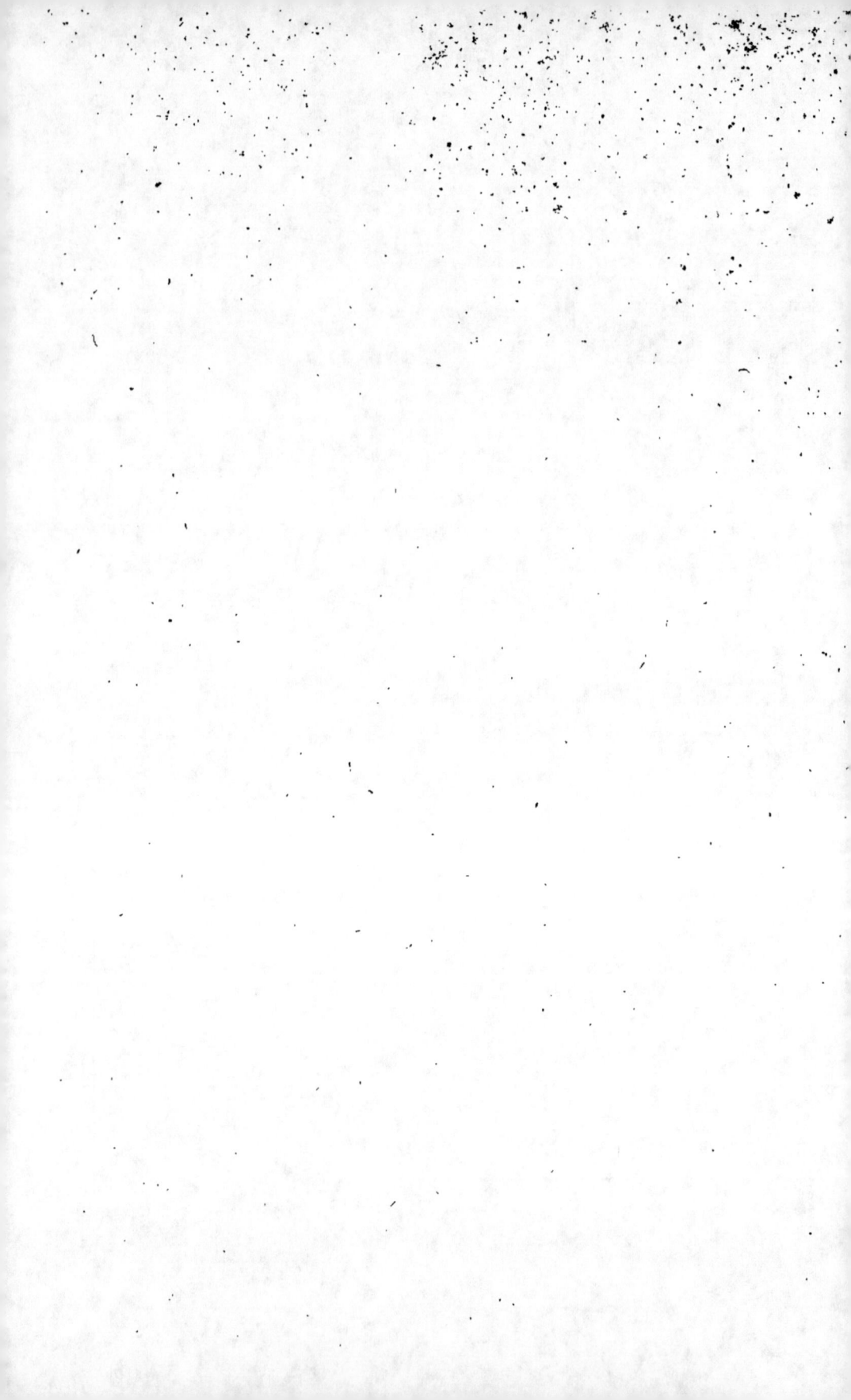

www.ingramcontent.com/pod-product-compliance
Lightning Source LLC
LaVergne TN
LVHW022213080426
835511LV00008B/1740